BEI GRIN MACHT SICH IHR
WISSEN BEZAHLT

- Wir veröffentlichen Ihre Hausarbeit,
  Bachelor- und Masterarbeit

- Ihr eigenes eBook und Buch -
  weltweit in allen wichtigen Shops

- Verdienen Sie an jedem Verkauf

Jetzt bei www.GRIN.com hochladen
und kostenlos publizieren

Johannes Bellebaum

Eine Analyse der Sprachpsychologie von Jaques Lacan

"Die Sprache ist die Kleidung der Gedanken" (Samuel Johnson)

GRIN Verlag

Bibliografische Information der Deutschen Nationalbibliothek:

Die Deutsche Bibliothek verzeichnet diese Publikation in der Deutschen National-
bibliografie; detaillierte bibliografische Daten sind im Internet über http://dnb.d-
nb.de/ abrufbar.

Impressum:

Copyright © 2009 GRIN Verlag GmbH
Druck und Bindung: Books on Demand GmbH, Norderstedt Germany
ISBN: 978-3-640-88742-2

Dieses Buch bei GRIN:

http://www.grin.com/de/e-book/170095/eine-analyse-der-sprachpsychologie-von-
jaques-lacan

GRIN - Your knowledge has value

Der GRIN Verlag publiziert seit 1998 wissenschaftliche Arbeiten von Studenten, Hochschullehrern und anderen Akademikern als eBook und gedrucktes Buch. Die Verlagswebsite www.grin.com ist die ideale Plattform zur Veröffentlichung von Hausarbeiten, Abschlussarbeiten, wissenschaftlichen Aufsätzen, Dissertationen und Fachbüchern.

Besuchen Sie uns im Internet:

http://www.grin.com/

http://www.facebook.com/grincom

http://www.twitter.com/grin_com

Westfälische Wilhelms-Universität Münster
Germanistische Fakultät
Abteilung für Literaturwissenschaft
Aufbaumodul Literatur
Strukturalistische Literaturtheorie und ihre Revision

„Die Sprache ist die Kleidung der Gedanken"
(Samuel Johnson)
Eine Analyse der Sprachpsychologie von Jaques Lacan.
Ausarbeitung des Referats vom 16.07.2009

Johannes Bellebaum

4. Semester, BA-KIJU
katholische Theologie und Germanistik

Inhaltsverzeichnis

1. Ich spreche, also bin ich.

Cogito ergo sum, ubi cogito, ibi sum. Ich denke, also bin ich und ich bin dort, wo ich denke.[1] Die Rolle des Bewusstseins der eigenen Identität als Beleg für die eigene Existenz führt zu Überlegungen über die Lokalisierung des Selbst in der Welt. Denn während die physische Verortung aufgrund der Körperlichkeit des Menschen noch einfach zu bewerkstelligen ist, so bleibt die Frage, an welchem Ort der Geist des Menschen, eben jener Teil, durch den wir uns überhaupt gedanklich selbst wahrnehmen können, beheimatet ist. Wo ich denke, dort bin ich. Diese philosophischen Überlegungen stellen die Rolle des Denkens als Anker und Verbindung zur Welt in den Vordergrund. Während die Möglichkeit der physischen Einflussnahme auf die Welt aufgrund der Körperlichkeit einfach und eindeutig zu benennen ist, so bedarf der intellektuelle Austausch mit einem anderen, denkenden Bewusstsein eines Mediums, das diesen kommunikativen Austausch erlaubt: das Medium der Sprache. Genau an diesem Punkt setzen Jacques Lacans Überlegungen und Theorien ein, welche er in seinem Text „Das Drängen des Buchstaben im Unbewussten oder die Vernunft seit Freud"[2] - wieder über das Medium der Sprache – zu erklären versucht: Wenn sowohl der Austausch mit anderen Menschen als auch die eigene Wahrnehmung - denn zur Formulierung des Gedankens „Ich denke, also bin ich." ist auch bereits die Verwendung von Spracheunumgänglich - nur durch den Einsatz von Sprache überhaupt möglich ist, welche Rolle spielt dann die Sprache in unserem Denken? Wie nimmt sie Einfluss auf die Entwicklung des Geistes und damit auch auf die Persönlichkeit des Menschen? Zur Beantwortung dieser Fragen sind zunächst Überlegungen zur Struktur der Sprache erforderlich, um ihre Rolle in Bezug auf das menschliche Denken näher untersuchen zu können.

2. Die Natur der Sprache

Zur Untersuchung von Struktur und Aufbau der Sprache muss zunächst eine Definierung des analysierten Gegenstandes vorgenommen werden. Die von Lacan verwendete Definition, welche Buchstaben als der Sprache zugrunde liegende Einheiten verwendet, lautet wie folgt: „Wir bezeichnen mit Buchstaben jenes materielle

---

1 Vgl. LACAN, Jaque: Das Drängen des Buchstabens im Unbewußten oder die Vernunft seit Freud. Übersetzung aus dem Französischen von Norbert Haas. In: OLTEN: Schriften II. Walter Verlag. Freiburg i. Br. 1975. S. 201.
2 LACAN, Jaque: Das Drängen des Buchstabens im Unbewußten oder die Vernunft seit Freud. Übersetzung aus dem Französischen von Norbert Haas. In: OLTEN: Schriften II. Walter Verlag. Freiburg i. Br. 1975.

Substrat, das der konkrete Diskurs aus der Sprache bezieht."[3] Im Fokus der Betrachtung steht also nicht der physische, lautliche Akt des Sprechens, sondern die Natur und Struktur der Sprache sowie die Entwicklung der wissenschaftlichen Beschäftigung mit Sprache an sich. Denn ein nach systematischen Kriterien geführter Diskurs über Sprache kann nur dann erfolgen, wenn ihr der Status eines wissenschaftlichen Objektes zugestanden wird.[4] In Bezug auf die Natur der Sprache verwendet Lacan die Saussuresche Terminologie, indem er den „sprachlichen Algorithmus" S/s zur Festlegung des Verhältnisses von Bezeichnetem und Bezeichnendem nutzt, wobei das große „S" für den Signifikanten und das kleine „s" das Signifikat steht. Der trennende Balken wird als „über" gelesen, was zur Saussureschen Grundformel des Zeichenbegriffs „Signifikant über Signifikat" führt.[5] Hierbei steht die Arbitrarität sprachlicher Zeichen im Vordergrund. Der bezeichnete Gegenstand, beispielsweise ein Baum, kann sprachlich je nach Verwendung des Englischen, Deutschen oder Lateinischen sowohl als tree, Baum oder arbor bezeichnet werden, wobei jeder dieser unterschiedlichen sprachlichen Zeichen auf den gleichen Gegenstand verweist. Diese sind dabei insofern völlig frei und beliebig gewählt, als dass sie sie im Rahmen des gesellschaftlichen Konsenses zur von der Allgemeinheit der Kenner der verwendeten Sprache verstandenen Bezeichnung des tatsächlichen Gegenstandes des Baumes im Rahmen einer erfolgreichen Kommunikationssituation verwendet werden können. Dabei existiert jedoch laut Lacan keine Sprache, welche die komplette Fülle der bezeichneten Objekte abzudecken vermag. Dies hängt damit zusammen, dass Sprache nicht der möglichst genauen Abbildung der Realität dient, sondern durch Zusammenfassungen und Vereinheitlichungen eine Verständigung über einzelne Bestandteile der Realität ermöglichen soll. Lacan zufolge wird also beispielsweise der Baum auf den Namen, d.h. die Wort- bzw. Buchstabenfolge reduziert, obwohl diese Umschreibung eine äußerst grobe Vereinheitlichung darstellt.[6] Über die genaue Beschaffenheit des Baumes, also beispielsweise über die Zugehörigkeit zu einer spezifischen Art wie Kiefer, Fichte oder Buche wird ebenso wenig etwas ausgesagt wie über den Zustand des Baumes. Es wird lediglich ein vereinheitlichender Gattungsbegriff benutzt, welcher sowohl die Kommunikation über einen konkreten Baum als auch über Bäume im Allgemeinen ermöglicht, ohne die „Idee

---

3 LACAN S. 177.
4 Vgl. LACAN S. 179.
5 Vgl. EICHER, Thomas und WIEMANN, Volker: Arbeitsbuch Literaturwissenschaft. 3. vollständig überarbeitete Auflage. UTB. Stuttgart. 2001. S. 38.
6 Vgl. LACAN S. 181.

des Baumes" vollständig zu erfassen und wiederzugeben. Es liegt dabei in der Natur der Sprache, dass sie sich zugleich fachspezifisch den Erfordernissen anpasst, das heißt, durchaus verschiedene, weiter differenzierende Begriffe zum Wortfeld Baum ermöglicht, als auch den Oberbegriff des Baumes in der Fülle seiner tatsächlichen Bedeutungen zur erfolgreichen, allgemeinen Kommunikation weiter bestehen lässt. Die Subsummierung unterschiedlicher „Baumheiten" zu einem vereinheitlichten Begriff des Baumes stellt dabei das sprachliche Äquivalent von Platons Ideenlehre dar, laut welcher alle Gegenstände nur Schatten bzw. Abbildungen des wahren, idealen Gegenstandes seien.[7] In der Sprache vereinheitlicht sich laut Lacan die Ursache, das heißt der Rückbezug auf die Idee des Baumes, mit der Worthülse, welche die Buchstabenfolge b, a, u und m darstellt, um so die Bezeichnung des Baumes zu ermöglichen.[8] Hierbei besteht jedoch kein Bezug zu einer tatsächlichen „Idee des Baumes", sondern der Begriff Baum stellt eine von Menschen kreierte gedankliche Abstraktion dar, welche unter dem Begriff „Baum" alle zur Gruppe der Bäume gehörenden Pflanzen zu einem Begriff zusammenfasst. Problematisch ist diese Bezeichnung allerdings, sobald das Feld der Signifikate außerhalb der erfassbaren, auf Wahrheit überprüfbaren Realität liegt und Begriffe wie Tugend oder Glaube umfasst.

Lacan bringt in seinem Text ein Beispiel vor, was die komplexe Natur des Feldes von Signifikanten und Signifikaten verdeutlicht und zugleich die „Nominalismusdebatte umhaut".[9] Die Bezeichnung „Männer" und „Damen" über zwei ansonsten identischen Toilettentüren stellt eine starke Unterscheidung von augenscheinlicher Bezeichnung und tatsächlicher Bedeutung dar. Denn während die Bezeichnung an sich zunächst nur die Benennung der verschiedenen Geschlechter auf einer Metalltafel darstellt, so ist das Signifikat eine Toilette. Dieser Gegensatz zwischen dem Metallschild mit der Aufschrift „Frauen" bzw. „Männer" auf der einen und der bezeichneten Örtlichkeit auf der anderen Seite verdeutlicht die Problematik, welche sich aus der Zuordnung von Signifikant und Signifikat und dem Bezug zur tatsächlichen Realität ergibt.

Diese Überlegungen zur Natur und Beschaffenheit der Sprache sind grundlegend zur Lacanschen Theorie des Subjekts als Sprachwesen und den daraus abgeleiteten Konsequenzen. Jedoch ist dazu auch die Erörterung eines zweiten, grundlegenden Themenfeldes von Relevanz, nämlich die Rolle und die Entwicklung des Ichs in Bezug auf das Werden zum handelnden Subjekt.

---

7 Vgl. NATORP, Paul: Platos Ideenlehre. Meiner. Stuttgart. 2004. S. 420f.
8 Vgl. LACAN S. 181.
9 LACAN S. 183.

3. Die Entdeckung des Ichs

Für die Entwicklung des Ichs ist laut Lacan ein Schlüsselereignis von zentraler Wichtigkeit: Die Entdeckung des eigenen Seins als Bestandteil der selbst wahrnehmbaren Realität. Diese Erkenntnis vollzieht sich laut Lacan im sogenannten Spiegelstadium, welches er auf der Grundlage von Baldwins Entdeckungen über die starken Reaktionen von Kleinkindern auf ihr eigenes Spiegelbild und in Bezug auf Freuds Überlegungen zur Natur des Ichs entwickelte.[10]

Die von Baldwin entdeckten starken Reaktionen von Kindern zwischen dem 6. und 18. Lebensmonat werden von Lacan als starke Freude über die Erkenntnis der Gleichheit von dem auf der gläsernen Spiegeloberfläche betrachteten Kind und dem eigenen Selbst interpretiert und gedeutet. Das Kind ist in der Lage, sich selbst direkt und als Ganzes wahrzunehmen, also weder durch die Augen eines Anderen noch aus der eingeschränkten Perspektive des eigenen Wahrnehmungsbereiches heraus. In früheren Stadien reagieren Kleinkinder oft ablehnend auf den Anblick des eigenen Spiegelbildes auf dem Arm der Mutter. Diese Reaktion erklärt sich aus der noch fehlenden Erkenntnis, dass nicht ein fremdes Kind von der Mutter auf dem Arm gehalten wird, sondern man selbst eben dieses Kind ist. Genau diese Erkenntnis ist es, welche den Ausbruch der Freude auslöst. Sie wird dadurch verstärkt, dass zum einen nun auch das eigene Gesicht betrachtet werden kann, was durch die eigenen Augen ohne Verwendung von Hilfsmitteln nicht möglich ist, zum anderen aber auch das Gesicht eben der Teil des Körpers ist, welcher zum Großteil für die Darstellung von Emotionen verantwortlich ist und daher ein lachendes Kind erblickt wird. Durch die im kindlichen Verhalten verankerte Tendenz zur mimischen Nachahmung zur Stärkung von sozialen Bindungen lacht sich das Kind also auch aus einem sozial motivierten Reflex heraus selbst an, was jedoch der durch den Anblick entstehenden Erkenntnis des eigenen Ichs keinen Abbruch tut.[11] Aus der psychologischen Perspektive ergeben sich jedoch durch ebendiese Erkenntnis zwei Problemfelder. Denn durch die prompten Reaktionen des Spiegelbildes auf die eigenen Aktionen, also beispielsweise durch das direkte Heben des Armes bei der Durchführung des eigenen Willens, den Arm zu heben, wird dem Kind eine Körperkontrolle suggeriert, welche nicht im Einklang mit den tatsächlichen motorischen Fähigkeiten eines Kleinkindes steht.[12] Das Ich im Spiegel

---

10 Vgl. Lacan S. 206.
11 Vgl. Gruhle, Hans Walter: Verstehende Psychologie. 2. verb. Auflage. Thieme. Stuttgart. 1956. S. 221-222.
12 Vgl. Lacan S. 206.

wird zu einer Matrix der Subjektivität, welche das ideale Ich darstellt und zur Grundlage des eigenen Verständnisses vom Ich wird.[13] Das zweite Problem stellt die laut Lacan durch das Identifizieren mit dem eigenen Spiegelbild hervorgerufene Spaltung von imaginärem Subjekt und sozialem Ich dar. Die im Spiegel suggerierte körperliche Einheit ist lediglich eine Illusion, da beispielsweise der Körper zwar in wesentlich umfangreicherem Maßstab erfasst und betrachtet werden kann, als es dem Kind ohne Hilfsmittel möglich ist, aber das Spiegelbild stellt letztendlich trotzdem nur einen Teil des Körpers und nicht das komplette physische Selbst dar, da zum Beispiel die Rückseite fehlt. Hinzu kommt, dass die Abbildung fehlerhaft ist, da jedes Spiegelbild stets eine seitenverkehrte Wiedergabe des zu spiegelnden Objektes abbildet. Während das Kind also die Erkenntnis gewinnt, dass das im Spiegel zu sehende Bild mit dem eigenen Selbst identisch ist, so spaltet es damit die Wahrnehmung des eigenen Ichs in die vom Spiegel suggerierte, imaginäre Einheit des idealen Ichs und in die Wahrnehmung des eigenen Ichs als sozial handelndes Wesen, welches sich durch die Reaktionen seiner Umwelt definiert, auf. Aus alle dem folgt der im Deutschen paradox erscheinende Satz: „Le je n'est pas le moi." - „Das Ich ist nicht das Ich." Der Übergang zum Subjekt, welches die Widersprüchlichkeit des Spiegelstadiums hinter sich gelassen hat, erfolgt erst durch die Teilnahme am „großen Anderen": der Sprache.

4. Die Rolle des Subjekts

4.1. Das Subjekt als Sprachwesen

Die Überwindung des Spiegelstadiums erfolgt durch das Erreichen der so genannten symbolischen Ordnung.[14] Diese umfasst den gesamten Bereich der Sprache und besteht inhaltlich aus der Beziehung von Signifikant und Signifikat.[15] Das Subjekt wird dabei durch die Ordnung der Sprache geprägt, was man am Beispiel der manipulativen Wirkung der im nationalsozialistischen Deutschland verwendeten, von der rechtsradikalen Rassenideologie geprägten Sprache gut nachvollziehen kann. So vermittelte die damals in der Schule gelehrte Aufteilung der Menschen in „Arier" und „Untermenschen" einen unterschiedlichen Wert von Menschen in Abhängigkeit ihrer Herkunft, was durch die sprachliche Diffamierung von unerwünschten Gruppierungen

---

13 Vgl. Öhrlein, *Stefan*: Die zwei Seiten des Ich. Zu den Begriffen des Ich in den Werken Meads und Lacans. In: Recenseo. Texte zu Kunst und Philosophie. Ausgabe 09.2009.
14 Vgl. Sigmund-Wild, *Irene*: Anerkennung des Ver-rückten. Zu Luce Irigarays Entwurf einer Ethik der sexuellen Differenz. Marburg. Tectum Verlag. 2000. S.31.
15 Vgl. Punkt 2: Die Natur der Sprache

durch Begriffe wie „Judensau" als generelle Bezeichnung für alle Juden noch verstärkt wurde. Die von der NS-Regierung propagierte „Wunderwaffe" sorgte dafür, dass ein großer Teil der deutschen Bevölkerung noch bis zuletzt an den „Endsieg" glaubte, welcher allen Entbehrungen und militärischen Prognosen zum Trotz letztendlich noch zu erreichen sei. Durch diese Wortneuschöpfungen wurde die Wahrnehmung der Benutzer verändert und es manifestierte sich ein Glaube an die eigene Überlegenheit.[16] Ein weiteres Beispiel für die das Subjekt prägende Kraft der Sprache stellt die Verwendung von Fachsprachen zur Professionalisierung von Berufszweigen dar, so dass ein Arzt durch die Verwendung von medizinischen Fachtermini immer mehr den Habitus eines Arztes übernimmt und dadurch sowohl im Selbstverständnis als auch in der Wahrnehmung Dritter zu einem solchen wird. Der Einfluss der Sprache erstreckt sich dabei auch auf das Unbewusste, welches laut Lacan ebenfalls wie eine Sprache strukturiert ist.[17]

Der zentrale Aspekt der symbolischen Ordnung ist das „große Andere", welche den symbolisch-ordnenden Charakter der Sprache umfasst. Das große Andere ist dabei stets das in Bezug auf das Subjekt Andere, auf das sich das Subjekt hin ausrichtet. In der Zeit der Entwicklung des Subjekts ist das große Andere die Mutter, welche das Kind in die Ordnung der Welt einführt und ihm soziale Grundkompetenzen vermittelt. Diese über die Mutter erfolgende Auseinandersetzung mit der Welt erfolgt über das Medium der Sprache, so dass die – aus der kindlichen Perspektive vorhandene – Allmacht der Mutter auf die Sprache übertragen wird. Die Erkenntnis über die Wichtigkeit der Sprache für die Kontrolle über die eigene Umwelt sorgt auch für die frühen Versuche von Kleinkindern, an der Sprache teilzuhaben, weshalb Kleinkinder mit ihrem begrenzten Lautrepertoire häufig „erzählen", also mimisch und prosodisch die Mutter nachahmen, um an der Macht der Sprache teilzuhaben. Diese sprachliche Auseinandersetzung mit der Welt wird dadurch verstärkt, dass im Rahmen der Zeichentheorie das Kind zu Beginn seiner Existenz zunächst Signifikanten antrifft.[18] Die symbolische Ordnung wird nach Lacan dabei durch das große Andere, also in diesem Fall die durch die Mutter vermittelte sprachliche Interaktion gefestigt. Der zweite, die symbolische Ordnung garantierende Faktor ist der Name des Vaters. Dieser ebenfalls aus dem Bereich der Sprache stammende für die kindliche Entwicklung wichtige Faktor

---

16 Vgl. MORGENROTH, Klaus: Hermetik und Manipulation in den Fachsprachen. Narr. Tübingen. 2000. S. 33-35.
17 Vgl. LACAN S. 203.
18 Vgl. WIDMER, Peter: Subversion des Begehrens. Jacques Lacan oder Die zweite Revolution der Psychoanalyse. Turia + Kant. Wien. 1997. S.54-56.

wird von Lacan in starker Anlehnung an Freud vor allem in seiner Rolle als Machthaber, der Verbote ausspricht und im Rahmen des Ödipuskonfliktes verstanden. Der Vater drängt das Kind dabei aus dem ödipalen Begehren der eigenen Mutter heraus und zwingt es, sich nach außen zu orientieren und an der sozialen Umwelt teilzuhaben, um das ödipale Bedürfnis auf Ersatzbefriedigungen verschieben zu können.[19] Diese Entwicklung wird dabei stark mit dem Namen des Vaters verknüpft, welcher zum Signifikanten für Macht und Verbote wird. Die grundsätzliche Struktur der Sprache aus der Beziehung von Signifikanten und Signifikaten prägt daher zusammenfassend gesagt laut Lacan die Entwicklung des Subjekts in entscheidendem Maße.

4.2 Die Struktur des Subjekts

Die symbolische Ordnung, welche im Zuge der Entwicklung des Subjekts zum Sprachwesen in das Wesen des Subjekts integriert wird, stellt lediglich einen Teil in der Gesamtstruktur des Subjekts dar. Sie ist mit den Bereichen des Realen und Symbolischen verbunden, wobei die Art der Beziehung am besten mit einem borromäischen Knoten verglichen und versinnbildlicht werden kann. Jeder Bereich überschneidet sich mit beiden anderen und bildet überlappende Bereiche, wodurch auch Aspekte abgebildet werden können, welche mehrere Dimensionen der drei Dimensionen aufweisen. Der Bereich des Imaginären umfasst den Bereich der eigenen Identifikation. Er ist bildhaft und dual organisiert. Das Spiegelstadium lässt sich dem Bereich des Imaginären zuordnen, da durch das eigene Spiegelbild eine Selbsterkenntnis stattfindet, welche strukturell sehr bildhaft geprägt ist.[20]

Das Reale ist nicht so eindeutig und klar fassbar wie das Imaginäre und Symbolische. Es bezeichnet die Bereiche, welche nicht Bestandteil der Realität sind, nicht symbolisierbar und nicht imaginär sind, aber trotzdem eine eigene, singuläre, massive Präsenz und Existenz besitzen.[21] Als Beispiel führt Lacan Träume oder Traumata an, da sie zugleich unfassbar bleiben und sich der bewussten Kontrolle des Ichs entziehen, als auch Bestandteil der Realität sind. Das Reale setzt sich damit eindeutig vom Bereich der Realität ab, welcher aufgrund der starken Rolle der Sprache in Bezug auf die Erschließung der Welt eher dem Bereich des Symbolischen zuzuordnen ist. Das Reale auf der anderen Seite entzieht sich im Unterschied zur Realität den Versuchen, es sprachlich fassbar zu machen. Die drei Bereiche sind dabei miteinander verknüpft und

---

19 Vgl. Quindeau, Ilke: Psychoanalyse. UTB. Stuttgart. 2008. S. 32-34.
20 Vgl. Punkt 3: Die Entdeckung des Ichs
21 Vgl. Lacan S. 193-197.

ineinander verwoben, so dass sie nicht herausgelöst und einzeln betrachtet werden können. Diese starke Verflechtung stützt ebenfalls die Struktur in Form eines borromäischen Knotens, der neben den Überschneidungen der Teilbereiche auch die stabile Verbindung der Bereiche miteinander aufzeigen kann.

Vergleicht man die von Lacan entwickelte Trias aus Symbolischem, Imaginärem und Realem mit Freuds Konzeptionen des Subjektes, so wird eine Vielzahl an Parallelen offenkundig. Freud strukturiert das Subjekt in die drei Bereiche des Es, des Ichs und des Über-Ichs.[22] Das Es umfasst dabei den Bereich des Unbewussten und der Triebe, welche nicht Teil der bewussten Selbstwahrnehmung sind, aber einen beständigen Einfluss auf das bewusste Ich nehmen. Das Ich steht für die bewusste Wahrnehmung des eigenen Selbst und ist der Bereich, in dem Entscheidungen getroffen werden. Das Über-Ich umfasst die Bereiche der Moral und Ethik, welche ebenfalls das eigene Handeln beeinflussen, so dass das Ich einen beständigen Kampf innerhalb des Subjekts führt, um sein Handeln nicht vollständig von seinen Trieben und seinen Moralvorstellungen, welche sogar gegensätzlich und widersprüchlich sein können, leiten zu lassen.[23] Im Vergleich der beiden Modelle vom Subjekt lässt sich das Es in weiten Teilen mit dem Realen parallel setzen. Die beiden Konzepte unterscheiden sich zwar hinsichtlich ihrer inhaltlichen Schwerpunktsetzung, aber lassen aufgrund ihrer starken strukturellen Parallelen die Orientierung Lacans an Freud erkennen. In beiden Ansätzen stellt das Es bzw. das Reale etwas dar, welches sich der logischen Analyse und dem bewussten Zugriff widersetzt, aber trotzdem Einfluss auf das Subjekt nimmt und daher ein Teil des Selbigen ist. Das Ich wiederum entspricht dem Imaginären; beide Überlegungen stellen das Bewusstsein der eigenen Existenz sowie die Selbstwahrnehmung in den Mittelpunkt. Bei Lacan ist das Ich allerdings nur imaginär, eine von außen kommende Vorstellung, welche im Spiegelstadium entsteht und daher sowohl verfremdet als auch idealisiert ist. Das Über-Ich enthält ebenso wie das Symbolische die grundlegenden Strukturen, welche die Art des Umgangs mit der Welt bestimmen. Hier lässt sich allerdings eine abweichende Schwerpunktsetzung erkennen, da diese grundlegenden Strukturen sich bei Freud auf den moralisch-philosophischen Bereich der Ethik beziehen, welche das unkontrollierte Ausleben der Triebe beispielsweise im Bereich der Sexualität lenken bzw. hemmen, während bei Lacan die

---

22 Vgl. ABELS, *Heinz*: Einführung in die Soziologie. Band 2: Die Individuen und ihre Gesellschaft. 3. Auflage. VS Verlag. Wiesbaden. 2007. S. 62-64.
23 Vgl. JOAS, *Hans*: Lehrbuch der Soziologie. 3. überarb. und erw. Auflage. Campus-Verlag. Frankfurt. 2007. S. 143-144.

Sprache und die Beziehung zwischen Signifikant und Signifikat diese grundlegende Struktur bilden. Ein Unterschied besteht allerdings in dem von Lacan in seinem Spätwerk eingeführten Objekt a, welches das Subjekt des Begehrens darstellt.

4.3. Das Subjekt als begehrendes Subjekt

Das Objekt a ist in dem Bereich des borromäischen Knotens zu verorten, in dem sich das Symbolische, das Reale und das Imaginäre überschneiden. Es stellt das Zentrum des Begehrens dar, auf dessen Erlangen oder Erfüllen sich das Subjekt ausrichtet. Hinsichtlich seines urtümlichen Einflusses auf das Bewusstsein weist es zwar Parallelen zum Es bei Freud auf, aber die Art des Einflusses weicht stark von Freuds Theorien ab. Während bei Freud das Es ein „dunkler" Faktor des Subjekts ist, welcher durch seinen triebgesteuerten Einfluss das Handeln des Ichs zu beeinflussen versucht, steht das Objekt a im Zentrum des Subjekts, auf dessen Erlangen es sein Handeln hin ausrichtet. Dies begründet sich in Lacans Überlegungen zur Entwicklung des Subjekts in Bezug auf das Begehren. Laut Lacan ist das Subjekt von Anfang an Träger eines ständigen Mangels.[24] Dieser Mangel tritt bereits bei der Geburt und dem damit einhergehenden Verlust der eigenen, embryonalen Welt auf und zieht sich danach durch die gesamte Existenz des Subjekts hindurch. So wird dem Säugling das Objekt seines Begehrens, die Brust der Mutter, im Zuge des Abstillens ebenfalls entzogen, so dass das zweite, zentrale Objekt des Begehrens ebenfalls verloren ist.[25] Durch diese doppelte Verlusterfahrung entwickelt sich aus dem Objekt des Begehrens heraus ein permanentes Gefühl des Mangels, welcher auch durch Ersatzbefriedigungen nicht mehr aufzuheben ist und sich durch die gesamte Existenz des Subjekts zieht. Das Objekt a im Zentrum des Begehrens stellt immer nur einen unzureichenden Ersatz für den Verlust von embryonaler Welt und Mutterbrust dar.

Hier lassen sich starke Parallelen zwischen Lacans Trias-Modell des Subjekts und der modernen Konsumgesellschaft erkennen, in welcher nicht mehr der zu erwerbende Gegenstand, sondern lediglich der Akt des Kaufens von Wichtigkeit ist, um das grundlegende Bedürfnis nach Konsum zu erfüllen, ohne es jemals vollends erfüllen zu können.

---

24 Vgl. Reckwitz, *Andreas*: Subjekt. Transcript. Bielefeld. 2008. S. 52-54.
25 Vgl. Pagel, *Gerda*: Lacan zur Einführung. Junius Verlag. Hamburg. 1989. S.90.

5. Die Rhetorik des Begehrens

5.1. Die Metonymie

Das Symbolische besteht bei Lacan aus sprachlichen und nicht aus psychologischen Vorgängen. Daher verwendet er zur konkretisierenden Beschreibung dieser Vorgänge philologische Fachbegriffe. Der erste davon ist der der Metonymie. Lacan versteht diese als „Verweisungsgefüge, das Bestehendes aneinanderreiht" und „dabei keinen neuen Sinn erzeugt."[26] Als Beispiel hierfür wird der Terminus „Dreißig Segel" angeführt. Die meisten Menschen assoziieren damit eine Flotte von dreißig Schiffen.[27] Hierbei kommt die pars-pro-toto Funktion der Metonymie zu tragen, da die Segel, welche lediglich einen Bestandteil des Schiffskörpers ausmachen, mit dem gesamten Schiff gleichgesetzt werden. Es findet eine Verschiebung der Signifikanten vom Ausdruck für eine spezifische Anzahl von zu Segeln zurechtgeschnittenen Leinenstoffstücken zu einer Flotte von Galeeren oder Trieren statt. Hierbei wird jedoch kein völlig neuer Sinn erzeugt, da die Segel ja durchaus Bestandteil des Signifikanten für „30 Segelschiffe" sind.[28] Als weiteres Beispiel ließe sich der Begriff des Eisens anführen, welcher im passenden Kontext mit dem Begriff Schwert verknüpft wird.[29] Hierbei wird der Rohstoff des Eisens mit dem verarbeiteten Endprodukt aus Selbigem verknüpft, wobei die Bedeutungsverschiebung jedoch den Sinn des ersten Ausdrucks nicht in einen komplett neuen transformiert.

Die Metonymie ist daher die Stilfigur des Begehrens, bei welcher der Signifikant auf einen zugehörigen Bereich verschoben wird.

5.2. Die Metapher

Bei der Metapher findet im Unterschied zur Metonymie eine substituierende Ersetzung statt. Hierbei wird der ursprüngliche Signifikant vollständig verdrängt und durch einen neuen ersetzt, welcher nicht in einem engen Zusammenhang zum vorherigen steht, aber trotzdem eine gewisse Ähnlichkeit oder assoziative Verknüpfung aufweist. Lacan hebt den ersetzenden Charakter durch die Formulierung „Ein Wort für ein anderes" deutlich hervor.[30] Dadurch entsteht zwischen dem verdrängten Signifikanten und

---

26 Vgl. WIDMER, *Peter*: Subversion des Begehrens. Jacques Lacan oder Die zweite Revolution der Psychoanalyse. Turia + Kant. Wien. 1997. S.75.
27 Vgl. LACAN S. 189.
28 Vgl. LACAN S. 189-190.
29 „Du Hund, willst du mein Eisen spüren?"
30 Vgl. LACAN S. 191.

seinem Substitut „eine Spannung, aus der der Funke der Metapher entspringt."[31] Als Beispiel hierfür lässt sich der Ausdruck der „rosaroten Brille" anführen. Mit diesem ist ein Zustand des Verliebtseins gemeint, in welchem die Außenwelt wie durch einen beschönigenden Filter betrachtet wird. Diese Form der selektiven Wahrnehmung weist keinen direkten, eindeutigen Zusammenhang zwischen dem Ausdruck der „rosaroten Brille" und der liebesbedingt veränderten Wahrnehmung auf, da der Betroffene weder zwangsläufig eine Brille trägt noch sich sein visuelles Spektrum ins Rosarote hin verschiebt. Damit hat die Metapher „ihren Platz genau dort, wo Sinn im Unsinn entsteht".[32]

5.3. Ein Vergleich zu Freud

Stellt man nun Lacans sprachwissenschaftliche Herangehensweise von Metonymie und Metapher der Freudschen Terminologie gegenüber, so werden abermals starke Parallelen zwischen beiden Modellen offenkundig. Freud verwendet in seiner Theorie die Begriffe Verdichtung und Verschiebung. Diese werden primär auf die Traumdeutung angewandt. Die Verdichtung stellt dabei eine Komprimierung der geträumten Gedankenwelt dar, so dass wie in der Poesie eine konzentrierte Ballung von Sprache und Symbolen entsteht, welche psychoanalytisch wesentlich komplexer zu untersuchen ist, als dies bei wachen Gedanken der Fall ist.[33] Auf sprachlicher Ebene bringt Freud hierzu das Beispiel des von ihm erträumten Adjektivs „norekdal", das laut seiner Aussage einen speziellen Schreibstil bezeichnen soll. Eine Analyse ergab, dass die Hauptdarstellerinnen zweier Schauspiele von Ibsen[34] namens „Nora" und „Ekdal" zum Adjektiv „norekdal" verschmolzen, ergo verdichtet wurden. Ein weiteres Beispiel ist das Substantiv „Autodidasker", welches laut Freuds eigener Analyse aus einer Kombination von „Autor, Autodidakt, Laske, Lassale und Alexander" entstand.[35]

Die Verschiebung auf der anderen Seite verändert Bestandteile von Träumen auf symbolhafte Weise durch Übertragungen an andere Orte oder Einordnungen in andere Sinnzusammenhänge. Hierbei werden nicht mehrere Aspekte zu einem einzelnen verschmolzen und vermengt, sondern ein Teil des Traums wird durch einen anderen

---

31 Vgl. WIDMER, Peter: Subversion des Begehrens. Jacques Lacan oder Die zweite Revolution der Psychoanalyse. Turia + Kant. Wien. 1997. S.75.
32 Vgl. LACAN S. 191.
33 Vgl. KRETSCHMER, Ernst: Die Welt der Klagelieder Christian Morgensterns und der viktorianische Nonsense. De Gruyter. Berlin. 1983. S.197.
34 „Nora" und „Die Wildente"
35 Vgl. KRETSCHMER S. 197f.

ersetzt.[36] So wechselt beispielsweise die Lokalität des Traumes innerhalb eines Gespräches zwischen zwei in der Realität weit voneinander entfernten Orten, um die wechselnde emotionale Färbung des Gespräches zu verdeutlichen. So könnte bei einem Gefühl der Einsamkeit und des Alleinseins ein Trennungsgespräch, welches in der Traumrealität im Münsteraner Domcafé stattfindet, mitten im Satz in der endlosen Weite der afrikanischen Wüste weitergehen, um die Tiefe der geträumten Emotion hervorzuheben. Ein weiteres Beispiel wäre die Veränderung von Proportionen. Um die starke väterliche Dominanz zu unterstreichen, wird sie sie in eine drei Meter große Vaterfigur transfiguriert.

Strukturell gesehen stellen Verdichtung und Verschiebung zwei unterschiedliche Arten der Einwirkung des selben zugrunde liegenden Prinzips dar. Während der Verdichtung werden mehrere singuläre Aspekte wie in einem Trichter zu einem einzelnen Teil des Traums zusammengefügt, was einer vertikalen Bewegung gleichkommt. Bei der Verschiebung auf der anderen Seite wird ein Aspekt durch einen anderen ausgetauscht, so dass von einer horizontalen Bewegung gesprochen werden kann. Die Metonymie Lacans entspricht daher der freudianischen Verschiebung, da auf der sprachlichen Ebene ebenfalls eine Verschiebung der Bedeutung durchgeführt wird, ohne eine völlig neue zu erschaffen. Hierdurch wird der Sinn lediglich modifiziert und verschoben, aber nicht in einer Art und Weise verdreht, dass etwas völlig Neues entsteht. Die Metapher wiederum lässt sich in starkem Maße auf die Verdichtung beziehen. Die ersetzende Funktion bei Lacan, bei der ein Wort für das andere steht und dadurch den ursprünglichen Signifikanten beiseite schiebt, entspricht der sprachlichen Fokusbildung bei Freud, bei dem durch die Vermengung verschiedener Inhalte ebenfalls der ursprüngliche Signifikant ausgelöscht und durch einen neuen ersetzt wird. Aufgrund der direkten Anwendbarkeit auf sprachliche Phänomene ist die große Nähe von Lacanscher und Freudscher Auffassung dabei besonders offenkundig.

Somit betont Lacan die wichtige Rolle der Sprache für die Determination der Psyche noch einmal in besonderer Weise, indem er die Parallelen zwischen seiner Theorie und dem Herzstück der Arbeit von Freud, der Psychoanalyse, aufzeigt und offenlegt.

---

36 Vgl. WIEGMANN, *Jutta*: Psychoanalytische Geschichtstheorien: Eine Studie zur Freud-Rezeption Walter Benjamins. Bouvier. Bonn. 1989. S. 62f.

Literaturverzeichnis

ABELS, *Heinz*: Einführung in die Soziologie. Band 2: Die Individuen und ihre Gesellschaft. 3. Auflage. VS Verlag. Wiesbaden. 2007.

EICHER, *Thomas* und WIEMANN, *Volker*: Arbeitsbuch Literaturwissenschaft. 3. vollständig überarbeitete Auflage. UTB. Stuttgart. 2001.

GRUHLE, *Hans Walter*: Verstehende Psychologie. 2. verb. Auflage. Thieme. Stuttgart. 1956.

JOAS, *Hans*: Lehrbuch der Soziologie. 3. überarb. und erw. Auflage. Campus-Verlag. Frankfurt. 2007.

KRETSCHMER, *Ernst*: Die Welt der Klagelieder Christian Morgensterns und der viktorianische Nonsense. De Gruyter. Berlin. 1983.

LACAN, *Jaque*: Das Drängen des Buchstabens im Unbewußten oder die Vernunft seit Freud. Übersetzung aus dem Französischen von Norbert Haas. In: OLTEN: Schriften II. Walter Verlag. Freiburg i. Br. 1975.

MORGENROTH, *Klaus*: Hermetik und Manipulation in den Fachsprachen. Narr. Tübingen. 2000.

NATORP, *Paul*: Platos Ideenlehre. Meiner. Stuttgart. 2004.

ÖHRLEIN, *Stefan*: Die zwei Seiten des Ich. Zu den Begriffen des Ich in den Werken Meads und Lacans. In: Recenseo. Texte zu Kunst und Philosophie. Ausgabe 09.2009.

PAGEL, *Gerda*: Lacan zur Einführung. Junius Verlag. Hamburg. 1989.

QUINDEAU, *Ilke*: Psychoanalyse. UTB. Stuttgart. 2008.

RECKWITZ, *Andreas*: Subjekt. Transcript. Bielefeld. 2008.

SIGMUND-WILD, *Irene*: Anerkennung des Ver-rückten. Zu Luce Irigarays Entwurf einer Ethik der sexuellen Differenz. Marburg. Tectum Verlag. 2000.

WIDMER, *Peter*: Subversion des Begehrens. Jacques Lacan oder Die zweite Revolution der Psychoanalyse. Turia + Kant. Wien. 1997.

WIEGMANN, *Jutta*: Psychoanalytische Geschichtstheorien: Eine Studie zur Freud-Rezeption Walter Benjamins. Bouvier. Bonn. 1989.

I